DU SUICIDE

DANS

QUELQUES FORMES D'ALIÉNATION MENTALE

PAR

CLÉMENT CLAMENT

DOCTEUR EN MÉDECINE DE LA FACULTÉ DE PARIS.

———❦———

PARIS

LIBRAIRIE COTILLON

F. PICHON, SUCCESSEUR, IMPRIMEUR-ÉDITEUR,

Libraire du Conseil d'État et de la Société de Législation comparée,

24, RUE SOUFFLOT, 24.

——

1883

DU SUICIDE

DANS

QUELQUES FORMES D'ALIÉNATION MENTALE

PAR

CLÉMENT CLAMENT

DOCTEUR EN MÉDECINE DE LA FACULTÉ DE PARIS.

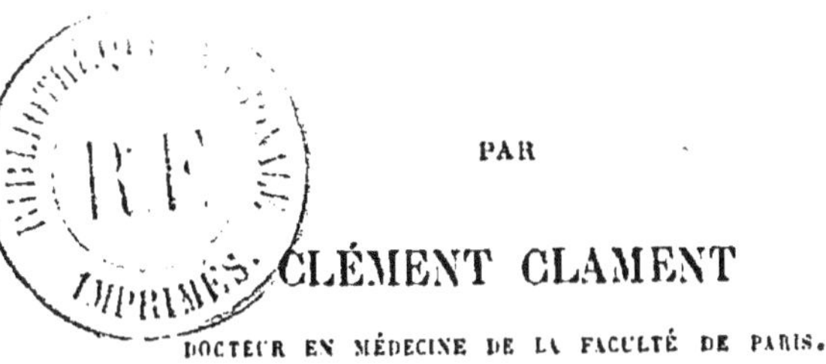

PARIS

LIBRAIRIE COTILLON

F. PICHON, SUCCESSEUR, IMPRIMEUR-ÉDITEUR,

Libraire du Conseil d'État et de la Société de Législation comparée,

24, RUE SOUFFLOT, 24.

1883

A MON PÈRE, Le Docteur A. CLAMENT

Son fils bien affectionné,
Docteur CLÉMENT CLAMENT.

DU SUICIDE

DANS

QUELQUES FORMES D'ALIÉNATION MENTALE

AVANT-PROPOS.

Notre but n'est pas de faire ici une étude générale du suicide. Les aliénistes se sont depuis longtemps occupés de cette question et le remarquable ouvrage de Brière de Boismont donne à cet égard tous les renseignements désirables.

Nous nous proposons de rechercher comment l'idée de suicide est conçue, comment le suicide est exécuté par les malades atteints de formes d'aliénation mentale bien différenciées. L'observation des faits nous montrera si, dans différentes formes d'aliénation mentale où le suicide est un fréquent épiphénomène, il est conçu et exécuté de la même manière ou bien au contraire il a sa caractéristique dans ces différents cas.

Afin de multiplier les documents nous n'avons pas seulement mis à profit nos observations personnelles, nous avons recherché dans les auteurs les plus recommandables des faits détaillés qui sont venus à l'appui des idées que nous exposons dans cette thèse.

Nous avons pu vérifier ainsi l'exactitude des opinions que notre regretté Maître le professeur Lasègue émettait naguère encore dans ses dernières leçons cliniques.

C'est donc à ce Maître éminent que nous devons d'avoir pu mener à bien ce travail dont la difficulté n'échappera pas à nos juges. M. le professeur Ball a bien voulu nous ouvrir son service si intéressant de Sainte-Anne et nous permettre d'examiner ses malades ; nous y avons trouvé les sujets de plusieurs observations. Nous saisissons ici l'occasion de remercier ce Maître qui a eu la bonté d'accepter la présidence de notre thèse.

CHAPITRE PREMIER.

CONSIDÉRATIONS SUR L'ÉTAT MENTAL DES ÉPILEPTIQUES.

L'épilepsie est une maladie cérébrale qui entraîne fréquemment à sa suite des troubles intellectuels d'autant plus prononcés que les accès épileptiques se renouvellent avec plus de fréquence et à des intervalles plus rapprochés.

Le caractère des malades change : ils deviennent irascibles, défiants, difficiles à vivre, ou au contraire ils sont d'une douceur et d'une obséquiosité fatigantes ; mais dans les deux cas, la répétition des crises les conduit presque fatalement à l'idiotisme ou à la démence.

Sous le nom générique d'*aura epileptica*, on désigne un ensemble de phénomènes — très variables suivant les sujets — qui précèdent généralement l'accès épileptique : des maux de tête, des douleurs, des vomissements ; souvent, il existe des prodromes plus immédiats qui peuvent survenir au moment même de la crise : un souvenir traverse l'esprit de l'épileptique, une figure passe devant ses yeux, des flammes, des fantômes l'épouvantent et le plongent dans une terreur profonde. On a fait la remarque curieuse que ces flammes, ces fantômes, ces souvenirs ne varient pas et revêtent toujours, pour le même malade, un caractère uniforme et un aspect identique.

Pendant l'accès, l'épileptique perdant complétement sa connaissance, on ne saurait songer à observer les troubles intellectuels qui se produisent à ce moment-là.

Après l'accès, la folie épileptique ou délire épileptique est une complication assez ordinaire pendant la durée de laquelle le malade entièrement irresponsable obéit à une impulsion irrésistible, à une force aveugle qui peut le porter à accomplir les actes les plus violents et les plus funestes.

« Dans ces cas de fureur passagère, dit M. le doc-
« teur J. Falret (1), les épileptiques deviennent telle-
« ment redoutables pour ceux qui les entourent et
« pour eux-mêmes qu'on ne saurait trop attirer l'at-
« tention de l'autorité et des médecins sur ces états
« de violence instinctive et aveugle que tous les au-
« teurs ont signalés comme succédant fréquemment
« aux accès d'épilepsie. »

Ils peuvent entraîner à leur suite les blessures les plus graves, le suicide, l'homicide et l'incendie, sans que l'individu qui en est atteint puisse être considéré comme responsable, à un degré quelconque, des actes violents commis par lui au milieu de ce délire tout à fait automatique, quoique de courte durée.

Ce délire, en effet, d'après M. le professeur Ball, est presque toujours un délire d'action.

---

(1) *Archives générales de médecine*, 1861.

Dans l'épilepsie, il existe deux espèces de trouble intellectuel présentant une grande analogie et liées ensemble par un lien de parenté étroit qui constituent de véritables accès de folie; on les désigne sous les noms de *petit mal* et de *grand mal.*

Bien que se ressemblant sous beaucoup de points, ces deux formes doivent être distinguées.

La demi-conscience de l'état vague dans lequel se trouve leur esprit, les apparences de raison, l'aveu de leur impuissance à réprimer les irritations et les colères, résultat des impulsions involontaires qui surgissent en eux, le calme de leurs mouvements que l'on remarque dans le *petit mal* contrastent avec les phénomènes que l'on observe chez les individus atteints du *grand mal* que l'on désigne aussi sous le nom de *manie avec fureur.*

Ce dernier état présente tout d'abord un caractère d'extrême violence, de l'agitation maniaque, un désordre extrême des actes et une loquacité incessante.

Sans cesse en proie aux hallucinations les plus effrayantes : spectres, assassins, cercles de feu, couleurs rouges, vue du sang : ils tendent rapidement vers la démence.

La forme désignée sous le nom de *vertige* ou *petit mal* est essentiellement constituée par une *absence*, elle présente surtout le caractère impulsif et instantané du délire épileptique, l'inconscience et l'imprévu des attaques comitiales. Dans cet état de confusion et de trouble très étendu des idées, d'anxiété générale et d'impulsions instinctives, ces malades se livrent alors, de la manière la plus inattendue à tous les genres d'actes violents tels que le suicide, le vol, l'incendie, l'homicide. Les uns, pour se soustraire à l'angoisse intérieure qui les dévore, ne songent qu'à se donner la mort; ils vont se jeter dans une rivière qui se trouve sur leur passage ou bien ils ont recours à un autre mode de suicide. Les autres, poussés par le même désespoir et le même besoin d'échapper à cette situation intérieure intolérable, se frappent la tête contre les murs, ou saisissant la première arme qu'ils rencontrent sous leur main frappent et brisent indistinctement toutes les choses qui les entourent et épuisent ainsi leur rage contre les objets inanimés.

Après ces crises, les épileptiques peuvent se diviser en deux catégories : les premiers éprouvent un apaisement, une détente générale; les seconds continuent à être sous l'influence d'une excitation très grande, ne conservant aucun souvenir, aucune notion de l'acte qu'ils viennent d'accomplir.

La folie épileptique peut se manifester en dehors des accès et prendre la forme d'épileptie larvée. Les individus qui en sont atteints présentent des troubles intellectuels d'une durée très brève, des violences de parole, des actes étranges ou immoraux.

« Chez eux, dit M. Legrand du Saulle (1), la symp-

____

(1) *Étude médico-légale sur les épileptiques.*

« tomatologie est inachevée et on ne retrouve que le
« côté intellectuel de la terrible névrose. La mani-
« festation morbide est psychique : c'est l'épilepsie
« de l'intelligence. Le vertige, l'accès incomplet et
« l'attaque convulsive font défaut, ne se produisent
« que beaucoup plus tard ou ne se montrent jamais. »

« Il est surtout une forme d'épileptie larvée, écrit
« M. le professeur Ball (1), qui mérite de fixer l'atten-
« tion au point de vue médico-légal : C'est le délire
« impulsif qui éclate quelquefois longtemps avant
« toute attaque d'épilepsie. »

« Nous citerons comme exemple le cas de Thou-
« viol, cet assassin célèbre sur lequel M. Lasègue a
« publié dans les Archives une étude si remarquable.
« Ce jeune homme poussé, par une impulsion homi-
« cide, avait erré pendant plusieurs jours dans les
« rues de Paris, cherchant à tuer une femme. Il finit
« par entrer dans un petit restaurant de la rue Cujas,
« où il trouva une jeune fille en train d'éplucher des
« légumes. Saisissant un grand couteau à fromage,
« il le lui plongea dans le cœur. Après une expertise
« médico-légale, il fut considéré comme aliéné et
« transféré à la sûreté de Bicêtre, où nous avons eu
« l'occasion de le voir. Il était alors parfaitement
« tranquille et réclamait avec insistance sa mise en
« liberté; mais pendant le cours de sa détention, il
« eut deux attaques d'épilepsie, phénomène qui se

____

(1) *Leçons sur les maladies mentales.*

« produisait pour la première fois dans son histoire
« et qui éclairait d'une vive lumière les causes du
« meurtre insensé qu'il avait commis. Il finit par se
« pendre aux barreaux de sa fenêtre, après avoir
« longtemps et vainement sollicité sa libération. »

Une vieille femme, — nous raconte M. le Dr Legrand du Saulle, — que je questionnais un jour, au
dépôt de la préfecture, au sujet de cinq tentatives
d'asphyxie par le charbon qu'elle avait faites incon-
sciemment en moins d'un an, me répondit :

— « Je ne me souviens pas d'avoir allumé mon
réchaud, mais si je l'ai fait, c'est que je ne voulais
pas monter sur l'échafaud. Il y a des moments,
voyez-vous, où je comprends que je ferai une bonne
fois quelque vilain coup. »

En somme, que nous ayons à faire aux épileptiques
à grandes attaques, aux épileptiques à petit mal ou
aux épileptiques larvés, nous les voyons toujours
poussés par une force aveugle à laquelle ils sont for-
cés d'obéir.

Pierre S... après une attaque se frappe avec un
couteau (Obs. I).

C... Julie, se jette une première fois à l'eau et essaie
une autre fois de se détruire en se laissant choir d'un
quatrième étage (Obs. II).

Dans l'observation III, le malade se précipite sur
le parquet la tête la première et le soir il renouvelle
sa tentative.

La nommée L... (observation IV) une épileptique

avérée, doublée d'une alcoolique est trouvée suspendue par son mouchoir noué autour du cou à une porte grillée.

G... Marie (observation V) éprouve des sensations douloureuses aux poignets chaque fois qu'elle va avoir un vertige épileptique : elle a essayé de se couper le poignet gauche et dans les moments d'agitation qui succèdent aux accès elle menace de se jeter à l'eau.

Ces jours-ci, à la Salpêtrière, dans le service de M. Legrand du Saulle une femme épileptique, essaie de se pendre la veille de ses règles, époque où les crises redoublent chez les malades.

Dans ses leçons de la Morgue, M. le professeur Brouardel nous citait le cas d'un épileptique qui s'étant tiré un coup de pistolet, pendant son délire, et s'étant manqué, suppliait son entourage de le surveiller activement pour l'empêcher de se suicider bien malgré lui.

M. X... qui, après plusieurs tentatives finit par se donner la mort (observation VI) nous semble devoir être rangé dans le cadre de l'épilepsie larvée, parce que, à part le délire, les autres symptômes de l'épilepsie nous font absolument défaut.

C'est aussi un épileptique fruste, ce malade dont M. le professeur Lasègue nous trace un portrait frappant en quelques lignes (1) : « B... en traversant un

---

(1) *Du vertige mental*, Académie de médecine, 1878.

pont avec sa mère, s'arrête, déclare qu'il veut se jeter à l'eau, balbutie des raisons confuses. Sa mère le
retient sans trop d'effort ; un quart d'heure plus tard
il était rentré en possession de lui-même, se rappe-
lant exactement ce qu'il venait de subir et les sensations qu'il avait successivement traversées. »

Une faible impulsion, un léger trouble dans les
idées, une absence de quelques minutes, voilà les
seuls caractères de cette attaque qui, bien que se
renouvelant, pourrait passer inaperçue jusqu'au jour
où le délire épileptique se manifesterait, chez cet
individu, sous une forme furieuse.

En somme l'épileptique larvé garde le souvenir de
ses actes inconscients ; je me sens devenir enragé,
dit-il, je veux voir du sang, c'est plus fort que moi,
j'ai besoin de tuer quelqu'un, je le comprends et je
ne peux pas me raisonner, je me sens poussé par
une force surhumaine.

Donc tous les épileptiques présentent un type ab-
solu de délire à brusque invasion se terminant en
général d'une manière rapide ; tous subissent une
impulsion contre laquelle ils ne peuvent réagir, mais
tandis que les vrais épileptiques, une fois leur délire passé, ne se souviennent plus de rien ; les épileptiques larvés, au contraire, se remémorent la résis-
tance qu'ils ont essayé d'opposer à cette force
aveugle et ils se voient encore, à travers le brouil-
lard de leurs idées confuses, le jouet d'une impulsion irrésistible.

OBSERVATION I.

Pierre S... (1) ne paraît pas avoir eu d'attaques épileptiques dans la nuit et dans la matinée du 21, cependant l'irritabilité était notable. Dans l'après-midi, Pierre S... ayant été heurté involontairement par un aliéné aveugle, lieutenant en retraite, s'emporta violemment et finit même par lui donner, sans autre motif deux ou trois coups de poing. L'irritation alors ne tarda pas à se calmer pour faire place aux idées les plus noires. Pierre S... se reprochait vivement d'avoir frappé un de ses supérieurs. « Tu t'es déshonoré, s'écriait-il, tu ne peux pas survivre à la honte, Pierre S... tu as frappé un officier ! » Ces idées sombres l'ont vivement préoccupé toute l'après-midi. Un aliéné seulement fut témoin de cette scène et n'en rendit compte que plus tard.

Au moment où le dîner sonnait, à cinq heures du soir, Pierre S... eut une attaque près de son lit; un oreiller fut placé sous sa tête et il resta seul un instant pendant que l'on conduisait les aliénés au réfectoire. Quelques minutes après, un infirmier, étant venu le prendre, le trouva grièvement blessé. Pierre S... s'était frappé vers le milieu de l'abdomen avec un petit couteau de poche. Tout près de lui par terre se trouvaient quelques mètres d'intestins grêles complètement détachés.

Le malade mourut le lendemain.

---

(1) J. Falret, *Alién. ment.* (Obs. VIII), *Arch. gén. de méd.*, 1861.

OBSERVATION II.

C... Julie (1), âgée de 43 ans, blanchisseuse, entre pour la septième fois à la clinique de Sainte-Anne, le 6 avril 1881.

Son père, âgé de 85 ans, vit encore ; sa mère a succombé à une maladie de poitrine, à l'âge de 40 ans. Deux oncles sont morts, l'un aliéné ; l'autre, épileptique, s'est noyé ; une tante est morte de la poitrine. Une autre tante et un oncle sont encore vivants et jouissent d'une bonne santé.

Étant enfant, la malade a eu des convulsions plusieurs fois, mais n'a pas fait de graves maladies pendant sa jeunesse ; elle fut réglée à 17 ans. A 36 ans, elle a eu une fièvre typhoïde avec délire intense, qui lui a fait garder le lit pendant cinq mois ; à 40 ans, elle a eu une pleurésie. C'est une femme forte, avec un certain degré d'embonpoint, mais présentant un affaiblissement intellectuel très prononcé.

La première attaque reconnaît pour cause une grande frayeur ; la malade avait 11 ans quand elle fut poursuivie dans un cimetière par un homme qui commit sur elle une tentative de viol. Ce n'est que quatre ans plus tard, qu'un soir, en rentrant du théâtre, elle eut sa seconde attaque et la troisième coïncida avec la menstruation. C'est alors que les

---

(1) Boyé, *Du traitement de l'épilepsie* (Obs. XI), Thèse, 1882.

accès se sont rapprochés; tantôt il se passe trois et quatre mois sans attaque, tantôt dans une semaine il y en a quatre ou cinq. Ce sont de grandes attaques, avec perte de connaissance, convulsions, morsures de la langue, écume sanguinolente, incontinence d'urine, et précédées d'une aura, caractérisée par une sorte de picotement qu'elle ressent à la racine du nez.

De 15 à 20 ans, elle vit avec un amant, qu'elle finit par épouser et dont elle se sépare au bout d'un an de mariage. Il y a cinq ans, elle a un second amant, dont elle a une petite fille de huit mois.

Nous devons noter que, pendant la grossesse, et également pendant sa fièvre typhoïde, elle n'a pas eu d'attaques, ni depuis trois mois qu'elle est de nouveau enceinte.

Ces accès répétés ont amené un trouble intellectuel profond chez notre malade. En effet, généralement après ses attaques, quelquefois avant, elle a des hallucinations, elle entend des voix qui lui parlent, qui lui commandent ou lui défendent de faire telle ou telle chose; de plus elle est sujette à des impulsions auxquelles elle ne peut résister. Elle éprouve le besoin impérieux de s'approprier des objets de toute nature, même les plus insignifiants et les moins indispensables à une femme de son âge; c'est ainsi qu'elle a été arrêtée, à 28 ans, pour avoir volé une poupée ou une pièce de flanelle qu'elle a donnée aux ambulances pendant la guerre, ou des jouets dont elle faisait cadeau à des enfants.

.Elle s'est jetée également à l'eau ; une autre fois elle s'est précipitée d'un quatrième étage.

À son arrivée, on lui prescrit le bromure d'ammonium et de sodium, mais comme nous avons fait remarquer que les attaques avaient complètement disparu pendant la grossesse précédente, et cette malade se trouvant de nouveau enceinte, nous interrompons le traitement, espérant qu'elle aura encore la même immunité et nous attendrons l'accouchement pour reprendre les bromures.

OBSERVATION III.

Le 10, M. A... (1), a passé une très mauvaise nuit, délire violent, hallucinations très actives, il criait et cherchait à fuir les dangers qui l'entouraient. Il a été nécessaire de l'attacher dans son lit ; crise convulsive qui, d'après le rapport du gardien, rappelle une attaque d'épilepsie.

Le malade est moins agité dans ce moment. Mêmes symptômes du côté de la motilité ; pouls à 95 ; saignée de 500 grammes, boissons nitrées ; le sang se recouvre d'une couenne épaisse.

Le 11, la nuit a été mauvaise et aussi agitée que la précédente, saignée de 500 grammes, boissons nitrées. Le malade a été pris dans la journée d'une

---

(1) V. Magnan, *De l'alcoolisme* (Obs. IX).

crise convulsive à laquelle nous assistons ; elle représente à s'y méprendre, une attaque d'épilepsie : le sang est encore couenneux, mais moins qu'hier.

Le 12, le malade est plus calme, face moins rouge, pouls 80.

Le 13, la nuit a été moins mauvaise, le malade a eu un peu de repos ; aujourd'hui il est plus calme et nous donne quelques détails sur sa maladie. Le trouble des mouvements est diminué, la face est moins rouge, le pouls est à 80.

La nuit du 14 a été moins bonne que la précédente, le malade a été agité ; attaque épileptiforme.

Aujourd'hui, il est calme, abattu, et comme plongé dans la stupeur ; les hallucinations sont toujours très actives.

Dans l'après-midi, tentative de suicide en se précipitant sur le parquet la tête la première.

Le soir, il renouvelle sa tentative, il en résulte des ecchymoses à la joue et au front.

. . . .

OBSERVATION IV.

Communiquée par M. le docteur Vallon, chef de clinique à l'asile Sainte-Anne.

Épilepsie alcoolique. — Tentative de suicide par pendaison dans un accès d'ivresse.

L... Paule, fille publique, âgée de 25 ans, entre à Sainte-Anne au service de M. le professeur Ball, le 10 mai 1883.

L.... est une femme robuste et bien constituée ; sa tête est bien développée et parfaitement symétrique. A 9 ans, L... a eu une fièvre typhoïde légère; ensuite sa santé a été excellente jusqu'à l'âge de 23 ans. Depuis cinq ans elle s'adonne à l'abus des boissons alcooliques : elle boit deux absinthes par jour et toutes espèces d'autres liqueurs mais surtout du vin. Il y a deux ans environ qu'elle a des crises convulsives qui présentent tous les caractères de l'épilepsie (chute subite, écume à la bouche, nul souvenir de l'attaque). Ces crises n'ont jamais lieu que quand L... est en état d'ivresse.

Il existe chez la malade des antécédents héréditaires très accusés : son père, âgé de 47 ans, est un grand buveur; sa mère est épileptique. L... a sept frères ou sœurs, mais nous ne possédons sur eux que des renseignements très incomplets ; elle a eu deux enfants : un est mort tout jeune du croup, l'autre âgé de deux ans est bien portant et n'a pas eu de convulsions.

Le 9 mai, L... étant en état d'ivresse, a essayé de se suicider : elle a été trouvée *suspendue par son mouchoir noué autour du cou à une porte grillée de la rue X.*; transportée à l'infirmerie du dépôt, elle a été, de là, conduite à Sainte-Anne.

A son arrivée dans le service, L... est déjà calme ; elle raconte qu'à la suite d'un chagrin, elle a bu encore plus que de coutume, puis une fois ivre, elle s'est pendue. Aujourd'hui elle regrette sa tentative

de suicide « elle n'est pas prête à recommencer ;
du reste, si elle n'avait pas été ivre, elle n'aurait
jamais songé à se détruire. » Sortie le 25 mai.

OBSERVATION V.

Communiquée par M. le docteur Vallon, chef de service, à l'asile
Sainte-Anne.

*Épilepsie non convulsive. — Sensations douloureuses dans les
poignets avant le vertige. — Tentatives répétées de mutilation.*

G... Marie, âgée de 25 ans, célibataire, domestique,
entre à Sainte-Anne, service de M. le professeur Ball,
le 3 mai 1883.

G... paraît être assez faible de tempérament, elle
est maigre et présente une asymétrie faciale évi-
dente. Fille d'un père mort d'une affection osseuse (?)
et d'une mère migraineuse dyspeptique, elle a deux
frères bien portants. Elle n'a jamais fait de maladies
graves et a toujours été bien réglée. Il y a sept ans,
elle a eu une vive frayeur et un mois après s'est
produit un premier vertige épileptique bientôt suivi
d'un grand nombre d'autres. Depuis cette époque,
les vertiges reviennent continuellement : il s'en produit tous les trois ou quatre jours et souvent plusieurs dans la même journée. Cependant il y a eu
des intervalles de répit de une à plusieurs semaines.

Toutes les fois que G... est sur le point d'avoir un
vertige, elle éprouve des sensations pénibles dans les
deux poignets ; il lui semble, suivant son expression,

« qu'on les lui enchaîne ». Ces sensations dans les poignets sont parfois extrêmement douloureuses et à plusieurs reprises la malade saisissant un couteau de la main droite a essayé de se couper le poignet gauche.

Les vertiges sont souvent suivis d'accès d'agitation pendant lesquels la malade se met à courir, crie, demande à être battue, à être tuée et menace de se jeter à l'eau.

La pression des deux poignets est constamment très douloureuse, il y a évidemment hyperesthésie de cette région ; la sensibilité est normale dans les autres parties du corps ; la compression des ovaires n'est pas douloureuse. Il est impossible en serrant les poignets de produire une attaque ou un vertige ; la constriction de ces mêmes parties à l'aide d'un lien n'empêche pas la production des vertiges.

OBSERVATION VI.

M. X... (1), âgé d'environ cinquante ans, né en Angleterre, de taille moyenne, d'un caractère difficile et irritable. Après plusieurs années de veuvage, il avait épousé une femme beaucoup plus jeune que lui. Quelques jours après son mariage, il entra tout à coup dans la chambre de sa femme, *criant, hur-*

---

(1) Legrand du Saulle, *Étude médico-légale sur les épileptiques* (Obs. XXXII).

lant, se frappant la tête contre les murs. Il se sauva ensuite en proférant ces mots : « Je vais me tuer. » Une heure se passa pleine d'anxiété ; il revint alors auprès de sa femme, se jeta à ses genoux en pleurant, lui demandant pardon et lui faisant les protestations les plus tendres.

A quelque distance de là, il l'engageait, sans motif apparent, à s'emparer du poison qu'il avait acheté ; sans cette précaution, il redoutait un malheur. Les recherches, d'abord inutiles, firent découvrir plus tard un flacon de chloroforme.

Un second accès survint pendant une nuit. La chambre de Mme X... était séparée de celle de son mari seulement par un couloir. Elle s'éveille ; il était auprès d'elle, poussant des cris ressemblant plutôt aux hurlements d'une bête féroce qu'à quelque chose d'humain. Il se roulait par terre, tenant des propos affreux, la menaçant d'aller chercher un poignard pour la tuer et se détruire lui-même. Il disparaît, en effet ; Mme X... s'empresse de fermer sa porte à double tour ; il revient, et, continuant à pousser des cris, il essaie de briser l'obstacle. Enfin, au bout d'une heure d'efforts inutiles, il lui dit : « Approchez, vous allez voir mon sang couler jusqu'à vos pieds. » Il se retire aussitôt, l'accès était terminé.

Un autre jour, en revenant à cheval d'une excursion au bois de Boulogne, il s'agita. Son cheval effrayé par ses cris, s'emporta. M. X..., le corps incliné en avant, se frappait le front et se plaignait d'un voile répandu sur sa vue. Un moment après, il s'élance pour renverser sa femme.

Enfin, un soir, après le dîner, il pousse un cri perçant et saisit Mme X... par les cheveux. Les domestiques accourent. « Je vous prends tous à témoin, s'écrie-t-il, que je vais me tuer. » Là-dessus, il se précipite violemment vers son cabinet, dont il ferme la porte. Sur ces entrefaites, la détonation d'une arme à feu se fait entendre : il s'était fait une blessure à six centimètres au-dessous du mamelon gauche, et il succombait au bout de quarante-huit heures, après avoir entretenu affectueusement sa femme de ses affaires.

CHAPITRE II.

DES ALCOOLIQUES.

L'alcoolisme est un mode d'intoxication lente et essentiellement progressive (Lasègue).

Si les manifestations résultent des effets passagers d'excès de boissons, on a l'alcoolisme aigu; si elles proviennent d'abus longtemps répétés, elles constituent l'alcoolisme chronique.

Suivant la judicieuse remarque de M. le professeur Ball : « Il est (1) un état pathologique placé en quel-« que sorte sur la frontière de l'alcoolisme aigu et de « l'alcoolisme chronique et qui ressemble à un pont « jeté entre les deux grandes phases de l'intoxica-« tion par l'alcool. »

C'est le delirium tremens, affection sérieuse et qui semble représenter, par rapport à l'alcoolisme ordinaire, la même aggravation que le délire aigu par rapport à la manie et à l'état maniaque.

Toute crise de delirium tremens peut se décomposer en 3 temps : 1° période de délire exclusivement nocturne avec retour à la santé mentale pendant le jour; 2° délire diurne et, même à ce stade, prédominant la nuit; 3° convalescence.

Le délire nocturne peut constituer toute la crise et

---

(1) *Leçons sur les maladies mentales.*

se continuer ainsi pendant une moyenne de six à huit nuits sans aller au-delà. L'intoxication a été limitée à son minimum.

Le passage du délire dormant au délire éveillé s'opère sans transition ; les premières heures sont les plus troublées et l'explosion du délire est instantanée.

« Un matin (1), au cours de la nuit, l'individu s'é-
« veille, devient violent ou bizarre, entre dans la
« série peu nombreuse des conceptions engendrées
« par l'empoisonnement de l'alcool et se maintient
« dans cet état cinq ou six jours au plus, après quoi
« le sommeil qui avait ouvert la crise la clôt. De
« même qu'on ne devient pas délirant alcoolique
« sans avoir mal dormi, de même on ne saurait être
« réputé guéri si on n'a pu bien dormir. »

La santé des alcooliques commence à s'altérer dès que les accès de *delirium tremens* se manifestent : le malade au lieu de continuer sa nourriture habituelle, se contente de boire de plus en plus et ne fait pas de repas réguliers ; alors l'alcoolisme devient chronique.

Le professeur Lasègue dans son remarquable Mémoire, relate une observation de Huss qui résume les phénomènes principaux de l'alcoolisme chronique :

---

(1) Lasègue, *Le délire alcoolique (Archives gén. de médecine,* 1881).

« Le premier symptôme qui se soit déclaré, chez ce malade, a été un tremblement des mains, surtout le matin ou dans le jour après une notable application. En même temps, il remarquait que ses forces avaient diminué et il essayait de se donner *du nerf*, suivant l'expression populaire, en employant de nouvelles doses d'eau-de-vie, à titre de réconfortant. Un peu plus tard il éprouve une sensation passagère, comme si on passait rapidement une fleur sous ses yeux, le matin et le jour, après avoir attentivement fixé la vue sur quelque objet.

« La langue devient tremblante; il hésite en parlant, surtout le matin.

« Le sommeil est agité, troublé par des illusions et par des rêves; souvent, avant de s'endormir, il ressent des fourmillements sous la peau des pieds et des jambes, des contractures et des crampes dans les mollets. Peu à peu le fourmillement se prolonge pendant la journée; il est plus ou moins intens et jette le malade dans une agitation toute spécial .

« Le malade est sujet à des vertiges plus ou moins fréquents : tantôt il lui passe comme une ombre devant les yeux, il lui semble qu'il va choir sans faire de chute; d'autres fois il est obligé de prendre uu point d'appui pour ne pas se laisser tomber. A cette période surviennent les hallucinations, surtout le soir en s'endormant; leurs formes sont variées, il croit voir des hommes ou des bêtes autour de lui, il entend des voix et des bruits indistincts.

« La santé se rétablit presque entièrement sous l'influence de la médication et de l'abstinence des spiritueux ; mais bientôt de nouveaux excès provoquent de nouveaux accidents. La digestion est plus profondément troublée que la première fois. Les fourmillements reparaissent avec la débilité, ils s'accompagnent de crampes et de secousses convulsives dans les membres inférieurs ; au dire du malade, les convulsions ressemblent à des secousses électriques ; elles sont subites, plus ou moins durables, plus ou moins douloureuses.

« Plus tard, les convulsions tendent à se généraliser ; elles passent à la longue à l'épileptie confirmée, dont les accès vont se rapprochant ; délire, hallucinations, terreur. »

Les hallucinations ont cela de caractéristique, c'est qu'elles sont toujours agressives : elles consistent en des apparitions de reptiles, d'animaux d'un aspect repoussant qui cherchent à mordre, de figures hideuses, d'hommes noirs qui passent à travers des murs et disparaissent dans des trous ; cet ensemble terrifiant provoque chez l'alcoolique une manifestation bruyante, une *forme maniaque* qui prédomine généralement dans les accès de *delirium tremens*.

Quelquefois, ce même malade qui criait, gesticulait et était en proie à une terreur horrible, qui secouait ses membres de tremblements convulsifs, peut le lendemain se présenter sous un aspect plus calme et revêtir la *forme mélancolique*.

Il est triste, inquiet, effrayé : il se voit accusé de crimes nombreux, condamné et traîné en prison pour être exécuté ; imprégné de ces sombres pensées, il veut s'échapper, il essaie de fuir ou se voyant sans cesse injurié, menacé, accablé de reproches par les siens, il tente de se suicider. M... (Obs. XI) nous fournit un type d'alcoolique présentant successivement la forme maniaque avec l'attirail complet des hallucinations, puis la forme mélancolique, période dans laquelle il essaie de se pendre avec ses draps de lit, « parce qu'on l'empêchait de trouver du travail et qu'on lui reprochait sa vie déréglée. »

L'alcoolisme est une des causes fréquentes de suicide.

« Les impulsions insensées de l'alcool, dit M. le « professeur Ball (1), peuvent conduire au crime, aux « actes obscènes, au vol, à l'assassinat. Mais de « toutes les tentations qui peuvent l'assiéger, la plus « fréquente et la plus caractéristique, c'est l'impul- « sion au suicide. »

Dans un accès de délire, l'alcoolique tremblant de tous ses membres, poursuivi par des visions effrayantes de reptiles, de rats qui l'environnent, d'insectes qui couvrent son corps, se suicide par frayeur pour échapper aux hallucinations de la vue qui l'ob-

---

(1) *Leçons sur les maladies mentales.*

sèdent et l'épouvantent. Soudainement l'idée de se tuer lui traverse l'esprit et il exécute son dessein de la première manière venue.

F... (Obs. VII) se croit poursuivi par des sergents de ville, il entend son patron crier : « fusillez-le ! » Aussitôt sans réflexion, sans préméditation, pour échapper à ses persécuteurs il enjambe la fenêtre et saute dans la cour.

H... (Obs. VIII) a de l'alcoolisme chronique, un matin il essaie de s'empoisonner et le soir il enferme sa femme dans sa chambre et lui annonce qu'elle va mourir avec lui.

M... (Obs. IX) se croyant poursuivi par des ennemis imaginaires, saute dans la rue.

M... (Obs. XI) dont nous avons déjà parlé essaie de se pendre avec ses draps de lit; nous voyons également l'épileptique L... dans un moment de délire alcoolique tenter de se pendre avec son mouchoir à une porte grillée.

M. V. Magnan (1) cite le cas d'une alcoolique dont l'insomnie était complète et qui croyant qu'il avait assassiné un homme et se voyant accusé de toute sorte de crimes, essaie de se pendre.

La décision est soudaine et imprévue : l'ivrogne est en train de boire avec ses amis, tout à coup il se lève brusquement comme mu par un ressort, il quitte le cabaret en proie au délire alcoolique et va

____

(1) *De l'alcoolisme.*

se pendre, se précipiter d'une fenêtre ou essayer de se noyer.

Quelquefois, il veut voir couler du sang avant de répandre le sien. G... frappe sa femme (Obs. X) avant de se jeter à l'eau; sa tentative échoue, on l'arrête, mais l'idée de se détruire persiste d'une façon vivace et dès qu'on le laisse seul il essaie de se briser la tête en se précipitant contre les becs de gaz.

Poursuivi par ses hallucinations, il peut prendre son ami, sa femme pour un fantôme et les frapper impitoyablement; à moins qu'il ne préfère se tuer lui-même pour échapper à ses obsessions terrifiantes.

Le plus souvent il a recours à ce dernier moyen, car une seule chose le préoccupe : fuir les animaux de toute espèce qui cherchent à le dévorer, échapper aux horribles étreintes des reptiles repoussants que son délire accumule autour de lui; c'est à ce moment-là qu'il cherche à se tuer, il se suicide par terreur.

OBSERVATION VII.

Communiquée par M. le Dr Boyé, préparateur de la Faculté, à Sainte-Anne.

F... Jacques, ouvrier gazier, âgé de 33 ans, entre à la clinique de Sainte-Anne, le 27 octobre 1881.

Son père, alcoolique, est mort à 54 ans d'une fluxion de poitrine.

Sa mère est morte à 64 ans, hydropique.

Il a eu onze frères et sœurs qui tous sont morts très jeunes ; il est le seul survivant et n'aurait jamais eu de maladies graves.

Il a contracté de bonne heure des habitudes alcooliques et se trouvait fréquemment en état d'ivresse. Dans ces derniers temps il passait une partie de ses journées au cabaret, avec ses compagnons de travail qui s'étaient mis eu grève contre leur patron. Tous les soirs il rentrait complètement ivre et à peine se trouvait-il dans son lit qu'il était obsédé par des rêves, des cauchemars, des hallucinations terrifiantes. Il se croyait poursuivi par des sergents de ville qui voulaient le tuer, il entendait son patron qui criait : « fusillez-le ». Une nuit il s'imagine qu'on vient l'arrêter et il se réfugie dans les cabinets du 3e étage ; là il s'enferme, mais il croit entendre frapper à la porte, et pour échapper à ses persécuteurs, il enjambe la fenêtre et saute dans la cour. Il se relève ayant à peine quelques légères contusions à la région frontale et se sauve dans la rue ; il est rencontré par des agents qui le conduisent au poste et le lendemain il est amené à Sainte-Anne.

Il présente tous les symptômes d'un accès d'alcoolisme aigu, avec insomnie, perte d'appétit complète, état saburral, tremblement de la langue et des extrémités très prononcé.

Il sort guéri le 7 décembre 1881.

OBSERVATION VIII (1).

. . . .

.... Vers le 20 mai le sommeil est troublé, le délire est revenu. Il... se voit poursuivi par des sergents de ville ; on doit le guillotiner ; on lui dit que sa femme l'abandonnera. Il sort de chez lui, rôde dans les rues, devient quelquefois menaçant pour sa femme et paraît en proie à une inquiétude de plus en plus vive.

Le 27 mai, au matin, il avale successivement trois demi-verrées d'eau dans laquelle il avait laissé macérer pendant quelques minutes une demi-livre, environ, d'allumettes (renseignement donné plus tard par le malade qui était seul chez lui à ce moment).

Dans la journée, il ne sort pas, boit de la tisane sans prévenir sa femme de ce qu'il avait fait. La nuit est mauvaise, les hallucinations sont incessantes, on lui lance des flèches, on veut l'assassiner, on veut l'arrêter. Il... se calme un peu le matin, et son fils s'aperçoit qu'il avale une nouvelle macération d'allumettes. Dans la journée il est dans un état d'excitation extrême, il entend de tous côtés des injures et des menaces ; il enferme sa femme dans la chambre, lui annonce qu'elle va mourir avec lui, et essaye de l'étrangler.

------

(1) Magnan, *De l'alcoolisme*, p. 174.

OBSERVATION IX.

Communiquée par M. le docteur Boyé, préparateur de la Faculté
à Sainte-Anne.

M... Jean, charretier, âgé de 48 ans, entre à la clinique de Sainte-Anne, le 22 février 1882.

Son père, qui vit encore, est un fort buveur. Sa mère est morte à 43 ans d'une pneumonie. Ils ont été cinq enfants, dont trois sont morts de convulsions en bas âge ; il reste une sœur qui paraît jouir d'une assez bonne santé.

Pas de maladies antérieures.

Depuis longtemps le malade se livre à la boisson et lorsqu'il se trouve en état d'ivresse il devient violent et méchant. — Dernièrement il était sur le point de se marier, mais son projet fut repoussé par les parents de sa fiancée, précisément en raison de ses habitudes alcooliques. Il en ressent un vif chagrin et pour se consoler il se met à boire avec excès de l'absinthe, du bitter et du vin. — Il rentre chez lui le soir pour se coucher, mais il est bientôt réveillé par des hallucinations terrifiantes ; il entend des voix qui forment le complot de l'assassiner, il distingue parfaitement le concierge de sa maison qui est à la tête de la bande. Saisi de frayeur il s'habille et à 3 heures du matin il court chez un de ses amis, marchand de vins, chercher un refuge. On lui donne une chambre au premier étage, on cherche à le rassurer et on le couche. — Bientôt il a de nouvelles hallucinations de l'ouïe ; il entend le concierge de la maison et le marchand de vins qui s'approchent de sa chambre armés de révolvers ; aussitôt il ouvre la fenêtre et pour échapper à ses ennemis imaginaires il saute dans la rue. Il court au poste requérir des sergents de ville, qui le ramènent chez le marchand de vins, qu'on est obligé de réveiller, ignorant ce qui s'était passé.

Le lendemain il entre dans un café ; là, il se croit suivi par deux individus, qui consommaient à côté de lui ; il entend le garçon leur dire : Voilà le jeune homme que vous cherchez. — Il se lève brusquement et retourne de nouveau au poste chercher du secours. Cette fois on le garde et on le conduit à la préfecture de police, d'où il est transféré à Sainte-Anne.

Il arrive ici dans une agitation extrême, au point qu'on est obligé de lui mettre la camisole. — Il entend constamment des voix qui le menacent et veulent le tuer. On cherche à savoir ce qu'il dit et ce qu'il pense au moyen d'instruments qui permettent de le voir et de l'entendre partout.

Pendant plusieurs jours l'insomnie persiste, l'appétit est nul, le tremblement des membres est très marqué.

Le malade sort guéri le 24 mai.

OBSERVATION X.

(Personnelle).

G.... François, 59 ans, tonnelier, marié; trois enfants bien portants, quatre sont morts jeunes.

Son père est mort à 34 ans par accident, il a été pris dans un engrenage; il n'était pas buveur. Sa mère est bien portante malgré ses 80 ans.

G... a toujours eu une bonne santé, pas de maladies antérieures. Il a été soldat 7 ans en Afrique et s'est livré à la boisson.

Il venait de passer 17 jours à Mazas lorsqu'il est entré le 29 octobre 1880 à la clinique de Sainte-Anne, dans le service de M. le professeur Ball.

Il est très méchant quand il est ivre, et fait un très mauvais ménage avec sa femme qui est obligée d'emmener ses deux filles et de le quitter, ne pouvant plus résister à ses menaces incessantes.

Huit jours après, étant ivre, il va chercher sa femme, ils boivent encore ensemble. G... veut se réconcilier, elle refuse; alors il la frappe à plusieurs reprises à coups de marteau et se sauve sur le bord de la Seine, il enlève ses habits et se jette à l'eau. Le froid le fait revenir à lui, on le retire et on le conduit à la préfecture; là, son délire le reprend et à plusieurs reprises il tente de se briser la tête contre les becs de gaz : il présente des contusions à la tête.

Il boit surtout du vin; il a eu des rêves et des cauchemars; l'appétit est bon, mais il a des pituites le matin. Il a un peu d'hallucinations de la vue; sa force musculaire et sa sensibilité sont conservées, on constate seulement un tremblement des mains. Les diverses fonctions organiques sont très régulières.

Il sort guéri le 9 janvier 1881.

OBSERVATION XI.

Communiquée par M. le Dr Boyé, préparateur de la Faculté, à Sainte-Anne.

M... âgé de 41 ans, marié, sans enfants, atteint de délire alcoolique, entre à la clinique de Sainte-Anne, le 10 octobre 1880.

Son père est mort buveur; sa mère phthisique. A son arrivée, il ne se rend nullement compte de sa situation; il ne sait ni où il est, ni depuis combien de temps. On lui a dit que c'était deux êtres célestes qui l'ont conduit à la préfecture et il raconte que pendant la nuit il a entendu une voix qui lui disait que sa femme voulait le tuer. C'est alors qu'il va au poste pour la dénoncer et qu'il est séquestré.

Il avoue des excès de boissons nombreux. Il a des hallucinations de la vue et de l'ouïe; il voit fréquemment des étincelles, des flammes qui lui passent devant les yeux, il a des bourdonnements et des sifflements d'oreilles; il entend des voix qui lui disent qu'il va être décapité. — Il a des crampes dans les membres, du tremblement des extrémités, de la trémulation de la langue; il n'éprouve aucun trouble

3

digestif, mais le sommeil est souvent interrompu par des rêves d'animaux, il voit des chats, des rats qui courent sur son lit.

Il y a quelques années il a déjà eu un premier accès d'alcoolisme aigu qui a nécessité son séjour à l'asile de Vaucluse, il présentait les mêmes hallucinations avec idées de persécution, il se croyait poursuivi par des gens inconnus, qui lui en voulaient, l'empêchaient de trouver du travail et lui reprochaient sa vie déréglée. Pour en finir avec ces reproches il avait essayé de se pendre avec un drap de lit; on était arrivé à temps pour le sauver.

CHAPITRE III.

DES PERSÉCUTÉS.

Le délire des persécutions peut se produire chez des individus très différents les uns des autres par leur nature et le degré de leur intelligence, cependant le persécuté a en général un caractère timide, des allures craintives et avant tout, il est soupçonneux à l'excès; ombrageux et égoïste, il ne voit autour de lui que jalousies mesquines; il se sent accablé par des tortures morales que lui infligent ses ennemis, il est en butte aux perfidies les plus cruelles de ses parents, de ses amis qui l'épient sans cesse et cherchent à pénétrer ses secrets, ses pensées les plus intimes pour se faire une arme contre lui et le tourmenter.

Dans cette première période il ignore la cause de ses souffrances et ne cherche pas le point de départ de son malaise indéfinissable. Mais bientôt, dans son esprit malade, il essaie de raisonner l'inquiétude croissante qui l'envahit, l'anxiété douloureuse dans laquelle il est plongé et fatalement il arrive à cette déduction que ses malheurs sont immérités, que ses angoisses ne sont pas naturelles et alors forcément l'idée de persécution germe dans son esprit et prend peu à peu et graduellement un développement exagéré. Désormais la persécution est son idée fixe; tout à l'heure il doutait, il hésitait, maintenant il est certain que des ennemis qu'il ne connaît pas et auxquels il n'a rien fait conspirent sa perte et trament contre lui les complots les plus odieux.

C'est en général une cause futile qui provoque ce délire; une simple *taquinerie* peut déterminer chez un individu prédisposé à cette forme d'aliénation mentale, une agitation beaucoup plus grande qu'un évènement important : la mort de l'un des siens ou la perte de sa fortune.

Tout d'abord les persécutés n'ont pas de haine pour leurs ennemis et ne méditent pas de se venger; ils manquent de réaction. Ils souffrent, ils sont poursuivis injustement, mais ils ne cherchent pas d'où peuvent provenir ces colères amassées contre eux, ils ne s'inquiètent même pas du nom des personnes qui sont la cause de tous leurs maux.

L'organe de l'ouïe est perverti à l'exclusion de la vision : un persécuté ne voit pas ses ennemis ou même ne veut pas les voir, il entend des voix qui le menacent, il ne veut pas en savoir davantage. Mais le moindre bruit est pour lui l'objet de longs commentaires : une conversation à voix basse inquiète sa nature soupçonneuse, il ne se croit plus seulement poursuivi, tourmenté, il est certain que l'on profère contre lui les accusations les plus infâmes.

Dans le service de M. le professeur Laboulbène, à la Charité, une malade que nous examinions et qui pendant quelques minutes nous avait répondu

d'une façon très lucide et très calme, nous dit tout
à coup que dans l'hôtel où elle loge on lui met de la
strychnine dans son potage et qu'elle a souvent
trouvé des serpents dans ses aliments.

Nous poussons l'interrogatoire dans le sens de ses
idées et aussitôt elle nous révèle toute une série de
tourments imaginaires que lui ont fait subir des
êtres mystérieux. Mais lorsque nous lui demandons
de préciser ses accusations, de nous renseigner sur
les personnes qu'elle soupçonne de lui rendre ainsi
la vie insupportable, elle se tait ou répond : je ne sais
pas.

Le persécuté, tout entier à sa peine, qui aujour-
d'hui ne s'occupe pas d'où lui viennent ses malheurs et qui veut même ignorer les noms de ses
cruels adversaires en les englobant dans une appel-
lation générique, pressé de questions, sommé pour
ainsi dire de dévoiler les êtres qui le poursuivent,
dénoncera demain n'importe qui, le premier individu qui se présentera à son esprit.

En effet, après quelque temps de résignation, le
persécuté qui se complaisait dans une solitude cal-
culée et dans un calme apparent, en arrive à un
point d'exaspération extrême. Il ne voulait pas con-
naître ses ennemis, maintenant il les cherche avec
insistance, il veut se venger sur eux d'une manière
éclatante de tout le mal qu'ils lui ont fait.

Ou bien il veut se donner volontairement la mort
en déshonorant les êtres qui l'assaillent de leurs mo-

queries et de leur haine; ce même malade qui, naguère, de peur d'être empoisonné, ne mangeait que les aliments qu'il avait préparés lui-même, songe au suicide et cette idée envahissante va devenir peu à peu sa principale préoccupation, son seul objectif.

« Le malade (1) a appelé sur ses ennemis toutes les malédictions du ciel, il a déshérité les siens et accusé ses parents ou ses voisins de toutes les infamies; il a donné des ordres pour son autopsie et il a exigé que l'on proclamât ultérieurement dans un procès-verbal toute la pureté de sa vie; il a arrêté l'heure de la cérémonie funèbre et tracé l'itinéaire de son convoi, « pour des raisons secrètes », certaines rues doivent être évitées; il a pris toutes ses précautions pour que sa sépulture fût à l'abri des profanations et parfois il a composé son épitaphe. »

A partir de ce moment, il est devenu « un candidat au suicide ».

Le persécuté qui tout-à-l'heure employait le raisonnement pour expliquer ses tourments, raisonnera pour ainsi dire son suicide, le méditera longtemps et finira par se tuer comme le malade de l'observation XII, après avoir écrit une lettre dans laquelle il énumère les motifs qui lui rendent la vie impossible et qui l'ont poussé à mettre un terme à son existence. Il consigne ses dernières volontés, déshérite ses frères qui sont d'accord avec ses ennemis

---

(1) Legrand du Saulle, *Délire des persécutions.*

pour l'injurier et le tourmenter; il lègue sa fortune au premier médecin qui entrera dans sa chambre à condition qu'il fasse son autopsie, il signe sa lettre, la ferme, et se coupe le cou avec un rasoir.

B... (Obs. XIII), a des hallucinations de l'ouïe, il entend des voix qui le plaisantent, le tournent en ridicule et l'accusent de ne pas gagner d'argent : honteux de sa situation, il prend la résolution de se détruire et va se jeter à l'eau.

M... Marie (Obs. XIV), présente de violentes crises d'agitation avec idées persistantes de persécutions, elle fait quatre tentatives de suicide par strangulation ; la moindre cause la pousse à se détruire : « J'empêche les autres malades de sortir, dit-elle un jour, je vais mourir, et une fois morte, elles seront libres. » Sur-le-champ, elle essaie de s'étrangler avec les cordons de son tablier.

D... (Obs. XV) est sombre, triste, il a des hallucinations de l'ouïe et pour en finir avec les persécutions dont il se croit l'objet, il médite son suicide et va se placer sur les rails du chemin de fer.

Dans les observations que nous citons, le suicide est médité, calculé; le persécuté préfère la mort aux mauvais traitements dont il se croit l'objet; il ne se tue pas dans une impulsion inconsciente comme l'épileptique, ou par terreur en proie au délire comme les alcooliques, il raisonne sa situation, et ne se décide à en finir avec la vie qu'après de mûres réflexions, qui lui prouvent qu'il est bafoué, ridicule, méprisé de tout le monde et à la merci d'êtres invisibles qui conspirent sa perte.

* * *

OBSERVATION XII (1).

Au mois de juillet 1847, à dix heures et demie du soir, la diligence venant du midi de la France s'arrêta pour relayer sur la place publique d'un chef-lieu d'arrondissement. Un voyageur passant la tête par la portière, s'écria : « Conducteur où sommes-nous ? » — « A tel endroit » lui fut-il répondu. — « Alors je descends, ouvrez-moi la portière et donnez-moi ma malle. » — Mais vous êtes porté sur ma feuille comme allant dans telle localité, et nous n'y sommes pas encore, il s'en faut ! » — « Cela ne vous regarde pas je vais descendre ici. »

Un hôtel d'assez bonne apparence se trouvait en face du bureau des messageries, et une femme se trouvait sur le pas de la porte. Le voyageur l'aborda, lui demanda une chambre, entra dans l'hôtel, fit monter sa malle, demanda une plume, du papier et de l'encre, et pendant que l'on prépara son lit, il parut impatient, préoccupé, affairé, inquiet. La fenêtre de sa chambre donnait précisément sur la place où stationnait encore la diligence ; il la ferma et se promena en long et en large visiblement agité et ému.

(1) Legrand du Saulle, *Délire des persécutions.*

Le lendemain, à neuf heures et demie du matin, on frappa à sa porte à plusieurs reprises, et comme on ne reçut point de réponse, l'inquiétude gagna tout le personnel de l'hôtel. Le commissaire de police fit ouvrir la porte par un serrurier, pénétra dans la chambre et trouva le voyageur de la veille baignant dans une mare de sang. Il s'était coupé le cou avec un rasoir. Le corps était froid, la mort avait dû probablement survenir vers minuit ou une heure du matin.

La malle n'avait pas été ouverte. Un étui à chapeau, un gros portefeuille, deux bourses, des papiers, une pipe, un couteau-canif, un trousseau de clefs et différents objets avaient été placés sur le marbre de la commode. Sur la table, au milieu de la chambre, on trouva la déclaration suivante :

« Je me nomme ***, je suis né à *** ; j'ai cinquante-
« cinq ans ; je suis chirurgien militaire. Un infâme co-
« lonel, qui ne m'a jamais pardonné de lui avoir fait
« prendre un jour des pilules renfermant du mer-
« cure, m'a fait mettre en retraite, après m'avoir
« fait huer par tout le corps d'officiers du régiment,
« et même par tout le régiment. J'ai été abreuvé d'a-
« vanies. Mon affaire a transpiré, et alors c'est moi
« que l'on a injustement accusé d'être une canaille,
« un syphilitique et un gobeur de pilules de mercure.
« Maintenant il n'y a plus moyen d'y tenir et tout le
« monde me ricane au nez, me montre du doigt ou
« me crie : « *pourri, pourri.* » Comme il faut que

« cela finisse et que j'ai déjà beaucoup trop passé
« pour un jocrisse, je suis décidé à me détruire, et
« cela ne va pas être long.

« Il y a de l'argent dans ma malle. Je le laisse avec
« ladite malle, au médecin, quel qu'il soit, qui sera
« requis par l'autorité de constater ma mort ; mais je
« veux qu'il fasse mon autopsie avec le plus grand
« soin, qu'il en dresse procès-verbal et qu'il envoie
« une expédition de cette pièce au colonel ***, prési-
« dent du conseil d'administration de mon ancien
« régiment, à ***.

« Je n'ai pas été marié. J'ai deux frères, mais ils
« m'ont lâchement abandonné et ont fait *chorus* avec
« le régiment. Aussi je ne veux pas qu'ils aient un
« sou de moi. C'est là ma dernière volonté.

« Ch***,

« D. M. M. »

OBSERVATION XIII

Communiquée par M. le Dr Boyé, préparateur de la Faculté,
à Sainte-Anne.

B.., 30 ans, chapelier, célibataire, entre à la clinique de Sainte-Anne le 10 janvier 1881.

Son grand-père paternel est mort alcoolique ; sa
grand'mère, très vive, très active est morte jeune.

Son grand-père maternel était excentrique, buveur ; il avait été interdit ; sa grand'mère vit encore,
bien portante.

Son père est mort à 71 ans ; dans les derniers temps de sa vie il buvait un peu. Sa mère est morte à 51 ans d'une fièvre typhoïde ; c'était une femme affaiblie par de nombreuses couches et qui avait fré·quemment des crises de nerfs avec pleurs et grince-ments de dents. Ils ont été neuf enfants dont quatre sont morts en bas âge ; une de ses sœurs est très-nerveuse, a la tête un peu faible, les autres enfants sont assez bien portants.

Il n'a jamais eu de graves maladies, mais pendant son enfance il était très délicat, difficile à élever. Il a commis de nombreux excès alcooliques. En 1871, il part pour le Brésil où il contracte la fièvre jaune ; à partir de ce moment il devient plus faible et ne peut plus supporter la boisson comme auparavant.

Il y a quatre ans, il a eu un accès de mélancolie avec stupeur ; il avait ressenti un violent chagrin occasionné par la mort de sa mère, et le mauvais état de ses affaires. Pendant cette période de mélancolie il avait des hallucinations de l'ouïe ; il entendait des voix inconnues qui le plaisantaient, le tournaient en ridicule et lui reprochaient de ne pas gagner d'argent. Honteux de sa situation, il prend la résolution de se détruire et va se jeter à l'eau. On le retire et on le conduit à Sainte-Anne, d'où il sort guéri au bout de huit mois.

Un an après il se décourage de nouveau et va de lui-même à la Préfecture pour se faire arrêter, mais n'étant pas assez malade pour le séquestrer on le renvoie au bout de deux jours.

Depuis quelque temps il ne travaille plus, ne pouvant pas trouver d'emploi, il se plaint de violents maux de tête, le sommeil est interrompu par des hallucinations; une idée fixe le poursuit, c'est qu'on l'empêche de trouver de l'ouvrage. C'est alors qu'il se rend de nouveau à la Préfecture et qu'il est envoyé à Sainte-Anne.

OBSERVATION XIV.

Communiquée par M. le Dʳ Vallon, chef de clinique à Sainte-Anne.

F... Marie, 33 ans, mariée, coiffeuse, entre à Sainte-Anne le 20 janvier 1883, dans le service de M. le professeur Ball.

Le père de la malade, âgé de 55 ans, est bien portant; sa mère est morte à 46 ans d'une attaque d'apoplexie. Il y a quatre frères et trois sœurs; tous sont bien portants sauf une sœur qui a de temps à autre quelques attaques d'hystérie. F... n'a pas eu de maladie grave pendant son enfance, elle a été réglée vers l'âge de 15 ans. Depuis, les règles reviennent tous les mois mais avec quelques jours de retard et s'accompagnent de douleurs parfois violentes. F... s'est mariée à l'âge de 23 ans. Elle a un enfant âgé aujourd'hui de 9 ans. Le lendemain de son mariage elle a eu pour la première fois une attaque d'hys-

téric (sensation de bouie, convulsions, pas de chute);
elle était très peinée de quitter sa famille pour aller
habiter avec son mari. Trois ans plus tard, seconde
attaque d'hystérie semblable à la première. — F...
était à l'enterrement de sa mère. Depuis crises assez
fréquentes d'hystérie vaporeuse.

Le 23 janvier 1883, F... qui n'avait présenté rien
de particulier les jours précédents, dit à son mari :
« Mes clientes font un complot contre moi, elles
veulent me faire arrêter. » Le mari parvint à calmer
sa femme. Mais le lendemain F... resta couchée
disant : je ne veux plus sortir je ne veux plus aller
coiffer, elle accusa son mari de faire partie de la
police.

Le 25, violente crise d'agitation, la malade court
dans l'escalier à moitié nue, crie, appelle sa mère qui
est morte depuis plusieurs années. Ce jour-là appa-
rition des règles.

Les jours suivants même état d'excitation. La
famille se décide à conduire la malade à l'infirmerie
de la Préfecture d'où elle est dirigée sur Sainte-
Anne.

A son entrée, la malade est déprimée, hébétée,
répond difficilement aux questions qu'on lui pose et
paraît dominée par des idées vagues de persécution.

Pendant tout le mois de février la malade reste
dans le même état de dépression. Elle est apathique,
indifférente à tout ce qui se passe autour d'elle; elle
n'a aucun soin de sa personne, il faut l'habiller, la

faire manger, etc. Le 4 mars, la malade cherche à s'étrangler en se serrant la gorge avec son mouchoir. Quand on s'aperçoit de cette tentative de suicide, la face est déjà fortement cyanosée.

Pendant la seconde quinzaine de mars et les premiers jours d'avril, F... est un peu mieux, elle est moins déprimée et s'occupe un peu à des travaux de couture.

Le 16 avril, menaces de suicide. F... prétend qu'elle empêche toutes les autres malades de sortir. Elle veut se tuer : « une fois morte elle sortira et les autres malades sortiront également. »

Le 19 à midi essaie de s'étrangler avec les cordons de son tablier.

Le 26, tentative d'évasion, grimpe sur le mur avec la plus grande agilité.

Le 28, saute d'un bond sur le fourneau allumé de la cuisine : « c'est, dit elle, pour faire revenir ses règles. » (Il faut noter que la malade a eu ses règles le 15 mars et le 10 avril).

13 mai. — Très agitée toute la journée, mord toutes les personnes qui l'approchent. A tout ce qu'on lui dit, elle répond : « Je ne suis pas la cause si je n'ai pas mes règles; ce n'est pas de ma faute je vous assure, tout ce que je fais, je ne le fais pas exprès. »

15. — Très agitée hier et aujourd'hui, se déshabille dans le jardin.

18. — Nouvelle tentative de strangulation avec les cordons de son tablier.

19. — Essaie de nouveau de s'étrangler avec les cordons de son jupon. Aussitôt qu'on lui ôte la camisole la malade essaie de s'étrangler. C'est dit-elle « pour se faire descendre le sang. »

Juin. — Pendant le mois de juin pas de tentative de suicide. F... est calme, un peu déprimée même, elle parle peu, se tient à l'écart, mais s'occupe assez régulièrement à des travaux de couture.

15 juillet. — Les tentatives de suicide ne se sont pas renouvelées. La malade continue à travailler. Il y a en somme une amélioration assez notable.

Depuis que F... est dans le service, pas la moindre crise ressemblant à de l'hystérie. Pas de menstrues depuis le mois d'avril.

OBSERVATION XV.

(Personnelle).

D... entre à la clinique de Sainte-Anne dans le service de M. le professeur Ball, le 17 novembre 1880.

Ses parents sont morts. Son père n'était pas buveur, mais il avait des idées tristes. Il a eu trois sœurs : l'une d'elle s'est noyée volontairement, les deux autres sont bien portantes. Il a eu un frère à caractère sombre qui a péri accidentellement.

Quant à lui, il n'aurait jamais été malade. Depuis 5 ans environ dans ses moments de tristesse, il s'adonnait à la boisson et la supportait bien.

Découragé, endormi, il ne peut s'occuper à aucun travail. Il se croit continuellement poursuivi par les agents de police, il se reproche sans cesse de ne pas travailler et de plonger sa femme dans la misère. La nuit, il se réveille en proie à des cauchemars, mais il a surtout des hallucinations de l'ouïe, il entend souvent que l'on fait des trous dans le mur. Un matin pour en finir avec tous ses tourments, il a essayé, il y a deux ans, de se mettre sur les rails du chemin de fer, on l'a retiré au moment où il était couché en travers de la voie.

Depuis son état ne s'est pas sensiblement amélioré, mais il n'a pas renouvelé ses tentatives de suicide.

CHAPITRE IV.

DES MÉLANCOLIQUES.

Le tempérament mélancolique, dit J.-P. Falret (1), est une disposition puissante à l'ennui, au dégoût de la vie.

Les individus doués d'un tempérament sanguin sont très propres au développement de la monomanie-suicide. Irascibles et sensibles à l'excès, ils sont abattus par les moindres contrariétés.

Il est aussi des personnes d'une susceptibilité nerveuse, primitive ou acquise, tellement exagérée que les causes les plus légères peuvent occasionner chez elles la manie la plus aiguë ou la mélancolie la plus sombre.

Les êtres affectés de cette mélancolie sont taciturnes, moroses, pusillanimes, méfiants, et ne s'occupent des objets extérieurs que pour se tourmenter.

Il s'imaginent qu'on se joue d'eux, qu'on les méprise, qu'on prend plaisir à les mystifier.

Ils ont un air sombre et repoussant ; leur visage est immobile, terreux ; leurs yeux caves, abattus ; une vive céphalalgie bornée au front, des battements dans l'intérieur de la tête ; ils éprouvent des insomnies et, s'ils dorment, ils sont troublés par des rêves,

______

(1) *De l'hypocondrie et du suicide.*

4

par des apparitions fantastiques. Certaines parties de leur corps sont brûlantes, tandis que d'autres sont le siège d'un froid glacial ; il y a dégoût, inappétence et très souvent refus opiniâtre de prendre toute espèce de nourriture. Leur voix est faible et chevrotante.

Dans cet état pénible, ils mûrissent leur projet de suicide. Il n'est pas rare qu'ils s'attachent à rédiger un journal où se trouvent consignées toutes les sensations qu'ils éprouvent et où l'on voit les différents genres de mort qu'ils ont d'abord choisis, puis rejetés pour des raisons souvent bizarres dont ils n'oublient pas de faire mention, ils argumentent souvent en faveur de leurs penchants.

Rousseau, en proie à la mélancolie la plus sombre, s'écrie : « Me voilà donc seul sur la terre sans pa-
« rents, sans amis, sans société ! Ainsi le plus aimant
« des hommes a été proscrit par un accord unanime.
« Depuis plus de vingt ans je me trouve dans cette
« pénible position, elle me semble toujours un rêve ;
« j'ai des douleurs de tête, des indigestions conti-
« nuellement, un rien me fait peur, m'incommode,
« me chagrine.

« Puisque mon corps n'est plus pour moi qu'un
« embarras, un obstacle à mon repos, cherchons
« donc à m'en dégager le plus tôt que je pourrai. »

Et il accomplit son funeste projet.

Quelquefois il existe chez le mélancolique un état mental spécial qui crée chez lui un *véritable appétit de la mort* : il désire la mort et ne la choisit pas comme pis-aller.

J'ai vu une femme, dit Falret, qui m'a prié, avec insistance, de lui donner la mort parce qu'elle s'imaginait devoir survivre à tout le monde et qu'elle ne savait pas ce qu'elle deviendrait lorsqu'elle serait seule sur la terre.

Le même auteur cite le cas d'un pharmacien, dans un hôpital de province, qui demandait à tout le monde de le délivrer de la vie. Un aliéné de l'asile accepte sa proposition. A l'instant les deux fous prennent un escalier qui descend à la cuisine, ils rencontrent un chevalet qui leur paraît très commode pour l'exécution de leur projet.

Le pharmacien s'arrête, quitte sa redingote et sa cravate, arrange sa chemise et pose sa tête sur le chevalet. Restait l'embarras d'un instrument; le patient lui-même indique le couperet de la cuisine. P... se hâte de l'aller chercher. Il revient, trouve le pharmacien dans la même attitude et le décolle d'un seul coup.

Souvent, dit M. le professeur Ball, à un degré fort peu avancé de sa maladie, le mélancolique, n'offrant aucun délire proprement dit est porté vers le suicide et il faut le surveiller activement pour le préserver de lui-même.

Nous avons le type de ce malade, (Obs. XVI); il est triste, recherche la solitude et désire la mort ; il a déjà plusieurs fois attenté à ses jours et aurait réussi à se tuer si sa femme et ses domestiques ne le gardaient soigneusement.

Mme X*** (Observation XVII) désire la mort et fait plusieurs tentatives de suicide ; elle refuse de manger pour abréger les tourments qu'on lui fait endurer ; enfin, dans un accès qui survient après une remission, Mme X*** se tue.

Charlotte (Observ. XVIII) a un premier accès de mélancolie-suicide à 34 ans, elle se jette à l'eau ; jusqu'à 40 ans, elle essaie plusieurs fois de se détruire ; à 40 ans, nouvel accès ainsi qu'à 48 ans. A 64 ans, elle a une longue crise, pendant le paroxysme de laquelle tout moyen de destruction lui est bon : elle tente de s'étrangler, se frappe la tête contre les murs, avale des épingles, etc... Les accès continuent et la laissent dans un état de démence qui développe encore plus ses penchants au suicide.

S... (Obs. XIX), à la suite d'une profonde misère s'est jeté dans la Seine du haut d'un pont, retiré de l'eau par des mariniers, on le conduit à Beaujon. Le jour de sa sortie de l'hôpital il va se précipiter dans la Marne. A son entrée à Sainte-Anne, S... est dans un état de dépression mélancolique très marqué.

Il se rétablit un peu sous l'influence du régime, mais une contrariété le fait retomber dans la stupeur avec des intervalles d'agitation.

A côté de ces formes de mélancolie *dépressive*, de mélancolie avec *conscience*, nous placerons la mélancolie *anxieuse* dans laquelle, à des périodes d'abattement et de tristresse, succèdent des moments d'excitation et d'agitation.

G... (Obs. XX), s'accuse de fautes imaginaires, il croit qu'il est l'auteur de tous les crimes et de tous les vols qu'il lit dans son journal. Il veut se tuer, n'étant plus digne de vivre ; deux fois il essaie d'étrangler sa femme et de se suicider. — Sa femme se sauve, alors resté seul, il brise tout ce qu'il rencontre.

Après un calme de quelques jours, il se brûle la barbe et les sourcils avec un papier enflammé.

W... (Obs. XXI) présente aussi le type du mélancolique anxieux. Il a peur de ne pouvoir élever sa famille ; il se reproche d'avoir abandonné autrefois une jeune fille avec son enfant. Il se figure qu'on l'accuse de faire de fausses signatures et qu'on lui court après pour le faire brûler. Cette inquiétude incessante le pousse au suicide ; la veille de sa séquestration, il voulait allumer un réchaud pour se donner la mort en compagnie de sa femme et de ses deux enfants.

Une quatrième forme de mélancolie, la mélancolie perplexe est caractérisée par l'affaiblissement de la volonté.

« Un individu se trouve contraint de prendre une
« résolution. Avant de se décider, il passe par des
« perplexités, des décisions contradictoires, des déli-
« bérations sans résultat qui prennent peu à peu les
« caractères de l'obsession. Le malade est troublé le

« jour par cette idée fixe et n'a plus ni trêve, ni
« repos (Lasègue) (1). »

Bientôt l'insomnie est remplacée par une anxiété
continuelle, puis par une excitation nocturne : le
mélancolique qui demandait d'abord qu'on le prît
en pitié, devient maintenant d'une irritabilité extrême, et finit par se considérer comme criminel et
dans ses angoisses imaginaires, il se voit déjà devant
un tribunal, condamné et flétri en public.

« L'idée de suicide apparaît alors flottante : il
vaudrait mieux être mort. »

Puis les aspirations au suicide se rapprochent et
dans les cas extrêmes deviennent « l'obsession do-
minante » presque unique. Viennent alors les tentations risquées, timides, dont le malade n'est pas fâché,
le plus souvent, qu'on soit averti. Le malade mange
à moins qu'il ne refuse de parti pris les aliments et
n'entende faire de l'inanition, un procédé de suicide
comme dans l'observation XVII.

En général, chez le mélancolique, le suicide est donc
le résultat d'un appétit de la mort ; à un moment
donné, il *désire se tuer* et ce désir ardent se traduit par
une agitation insolite. Le malade qui ne bougeait pas,
ou peu, se lève brusquement, se précipite par la fenêtre, va se jeter à l'eau, ou essaie d'en finir avec la vie
par tout autre moyen dès qu'on cesse de le surveiller.

Quelquefois le suicide est médité longtemps à

---

(1) Lasègue, *Mélancolie perplexe*, (*Arch. gén. de médecine*, 1880).

l'avance et après une nuit d'insomnie et d'agitation, le mélancolique, en proie au délire, se donne la mort.

M. Auguste Voisin, qui s'est occupé de la localisation cérébrale dans la folie avec idées de suicide, en arrive à des conclusions que notre manque d'expérience en cette matière ne nous permet pas de discuter ; nous reproduisons ces théories, bien qu'elles ne nous paraissent pas suffisamment probantes et qu'elles ne soient pas basées sur un assez grand nombre de faits.

Depuis longtemps, dit M. Voisin (1), j'avais remarqué que les malades qui ont des idées de suicide se plaignent ordinairement de céphalalgie bregmatique et syncipitale et décrivent cette douleur dans les termes les plus imagés, la comparant à la sensation que donnerait un clou, un fer chaud, une boule, une vessie pleine. J'avais constaté que la température de cette partie du crâne était ordinairement notablement élevée chez ces malades.

A l'autopsie, on trouve de la congestion, des exsudats dans les parties des méninges et du cerveau exactement en rapport avec les points où s'étaient produites la douleur et l'hyperthermie, c'est-à-dire à l'extrémité antérieure du sillon de Rolando qui correspond au bregma. Ce qui amène à cette conclu-

---

(1) A. Voisin, *Leçons sur les maladies mentales.*

sion que les idées de suicide chez les aliénés sont liés à des troubles fonctionnels et à des lésions qui siégent dans les parties les plus internes des circonvolutions frontales ascendantes et pariétales.

Voici les signes observés sur plusieurs malades :

Obs. XLVII. — Un nommé Dechois....., atteint de lypémanie avec idées de suicide, souffrait d'une douleur syncipitale qui, très limitée d'abord, s'étendait tous les jours. Le malade y ressentait une sensation de chaleur continue, insupportable. J'ai pu maintes fois mesurer la température cranienne en ce point. Elle était de 38 à 39 degrés.(La température axillaire était à 37,2). La persistance de la continuité de la douleur et de la chaleur était la cause de son désespoir et de ses idées de suicide.

Obs. XLVIII. — Une dame R... atteinte de folie lypémaniaque, éprouvait depuis le début une douleur fixe dans la région syncipitale, accompagnée de battements dans la tête. Cette douleur lui donnait des idées de suicide.

La région syncipitale était d'une chaleur exagérée, perceptible à la main et que le thermomètre montrait être de 38°5.(La température axillaire était de 37°4).

Obs. L. — Une nommée Chamb..., lypémaniaque, avait des idées de suicide tellement constantes qu'il était impossible de la laisser seule un seul instant.

Elle avait essayé de se pendre, elle s'était coupé le cou, en avant du larynx, puis elle refusa de manger, et il fut nécessaire, pendant plusieurs mois, de la nourrir avec la sonde œsophagienne. Elle se plaignait de céphalalgie bregmato-syncipitale.

La température de cette région était notablement élevée au-dessus de la normale, elle était de 37 degrés. (L'axillaire n'était que de 37 degrés).

OBSERVATION XVI (1).

« Le quatrième est un homme riche, à qui la Révolution ayant fait perdre sa fortune, se vit près de tomber dans la médiocrité, ce qui lui occasionna une si grande tristesse, qu'il soupirait en marchant dans les rues, et fuyait tout le monde, même ses meilleurs amis, et finit par rechercher la solitude, perdre l'appétit, et désirer la mort. — Il avait déjà plusieurs fois attenté à ses jours ; mais son épouse et ses domestiques s'en étant aperçus, il fut observé de plus près et soigneusement gardé. J'y fus appelé, j'appliquai plusieurs fois pendant un mois le vésicatoire, et lui fis boire beaucoup d'eau froide. Je n'obtins point une guérison complète, seulement le malade allait mieux : j'eus donc recours aux linges mouillés d'eau froide avec le sel ammoniac, et au bout de trois semaines, il fut entièrement guéri. »

(1) J.-P. Falret, *De l'hypocondrie et du suicide.*

OBSERVATION XVII (1).

Dispositions natives, fortifiées par une éducation vicieuse; réunion de plusieurs causes morales; en dernier lieu, vue d'une femme en convulsion. — Mme ***, s'effraie, ressent de la douleur dans le flanc gauche, et craint de faire une fausse couche; elle veut toujours courir; elle mange à tout instant, parle beaucoup, ne dort pas; enfin, elle présente une exaltation d'idées qui ne lui est pas ordinaire et une chaleur extrême à la tête; elle désire la mort, elle fait des tentatives de suicide. — Le délire devient plus général; elle veut tuer son père pour le préserver d'une mort atroce que d'autres lui préparent; l'hallucination de la vue et de l'ouïe.

Les seuls symptômes de lésion dans les autres fonctions sont les suivantes : pourtour des lèvres jaunâtre, langue sale, haleine fétide, ventre dur et rétracté, constipation, pouls fréquent, petit et serré.

Mme *** refuse de manger, quoiqu'elle ait un bon estomac et un grand appétit; mais elle ne doit rien prendre afin d'abréger les tourments et les horreurs qu'on lui fait éprouver et qu'elle a bien mérités.

— Le délire reparaît après une rémission de quelques heures; alors la face un peu animée offre une teinte jaune; le pouls est dur et fréquent; il y a

(1) J.-P. Falret, *De l'hypocondrie et du suicide.*

seulement de la pesanteur aux lombes, et constipation opiniâtre.

Nouvelle rémission du délire. — Quatre jours après, il n'est plus question de phénomènes sympathiques.

— Le délire revient, Mme *** se précipite et meurt.

OBSERVATION XVIII (1).

Charlotte Richard Bouv., âgée de soixante-trois ans, rachitique, d'une stature peu élevée, présentant des cheveux châtains blanchis, d'une physionomie mobile, maigre, pâle, d'un caractère vif, colère, eut une enfance exempte de maladies graves. — Sa fille a eu plusieurs accès de manie, sa petite-fille en a éprouvé un premier accès dès l'âge de quatorze ans et a fait quelques tentatives de suicide. — A dix ans, éruption répercutée suivie d'une fièvre intermittente, à douze ans menstrues spontanées, abondantes et régulières. Leucorrhée, surtout après l'époque menstruelle, avec tiraillement d'estomac ; à seize ans, fluxion de poitrine ; à dix-neuf ans, mariée : elle mit au monde quatorze enfants jusqu'à l'âge de trente-six ans, époque de la mort volontaire de son mari ; elle n'en nourrit que quelques-uns. — Avulsion d'une dent à la seconde couche, relâchement de l'utérus ; à vingt-huit ans, calcul urinaire rendu ; à

____

(1) J.-P. Falret, *loc. cit.*

trente-quatre ans, premier accès de mélancolie-suicide causé par des chagrins domestiques. — Elle se jette à l'eau. — Traitée à l'Hôtel-Dieu, l'accès dure un mois ; à trente-six ans, veuve, étant grosse de deux mois, mélancolie produite par l'embarras de ses affaires. A cette époque, plusieurs tentatives de suicide ; à trente-sept ans, accès de mélancolie sans tentative de suicide, mais tout l'ennuie, tout lui déplaît. — Dans le même temps suppression des menstrues qui dure une année. — Embonpoint considérable qui se dissipe avec l'éruption des menstrues. — A quarante ans, nouvel accès de suicide, causé par des inquiétudes de la Révolution ; à quarante-huit ans, nouvel accès ; à quarante-neuf ans, entrée à l'hôpital ; à cinquante-quatre ans, cessation de la menstruation précédée de pertes utérines pendant un an ; à soixante-un ans, accès peu intense ; à soixante-trois ans, transférée à la section des aliénées à cause d'un accès très-fort de plusieurs mois de durée entretenu par la plus légère contrariété ; depuis, céphalalgie habituelle ; à soixante-quatre ans (mai 1813), accès qui dure jusqu'en hiver 1814, avec intervalle de quelques mois de rémission. — Pendant le paroxysme, tout moyen de destruction lui est bon ; alors, plusieurs tentatives d'étranglement ; elle se frappait la tête contre les murs ; elle a avalé des épingles et une pièce de deux sous ; elle a refusé de manger. — A soixante-cinq ans (avril 1814), elle s'est encore frappée à la tête de si grands coups, qu'elle s'est ouvert une grande partie des téguments ; au mois d'octobre, elle était bien ; à soixante-six ans (août 1814), accès avec même penchant au suicide.

Ces accès sont moins intenses depuis l'âge de quarante-neuf ans ; ce mieux coïncide avec son entrée à l'hôpital : en effet pour la malade la rémission de ses accès est due à la vie tranquille qu'elle y mène, à la certitude d'une existence assurée, à l'éloignement de mille contrariétés auxquelles elle était exposée dans sa maison. — Quelquefois, avant l'accès, il y a insomnie ; ordinairement la malade devient très susceptible, et s'afflige de la moindre peine, la plus légère contrariété l'irrite ; elle sent des feux qui lui montent à la tête ; elle ressent de la tristesse, dès lors elle mange peu ; le plus léger incident lui fait perdre la tête et éprouver un violent besoin de se détruire, elle est souvent retenue par des réflexions dont elle se souvient très bien après l'accès. — Pendant tout ce temps, grande agitation, cris, injures, appétit vorace, point de selles, face rouge, elle refuse tous médicaments. — Après l'accès, qui finit tout à coup, grand accablement, sentiment de brisement dans les membres, maux d'estomac ; elle demande des secours, fait des excuses des excès auxquels elle s'est livrée. — Dans l'intermission, elle jouit de toute sa raison, sent très bien sa position, sans trop s'en affliger ; elle en rend le compte le plus exact, indique les choses qui lui ont nui ou lui ont fait du bien, se livre à l'exercice, au travail, compâtit au sort des personnes qui l'entourent et rien ne pourrait faire juger qu'elle ait été ou qu'elle doive être aliénée. — Depuis l'année 1814, elle a éprouvé plusieurs accès, en tout semblables aux premiers, qui l'ont laissée dans un état de démence, et le penchant au suicide conserve toute son intensité première.

OBSERVATION XIX.

Communiquée par M. le Dr Vallon, chef de clinique à l'Asile Sainte-Anne.

Le nommé S..., âgé de 22 ans, célibataire, entre à Sainte-Anne, service de M. le professeur Ball, le 1er juin 1883.

Les renseignements sur la famille et les antécédents du malade manquent complètement. S... a quitté la Russie, son pays natal, il y a environ un an, pour fuir les persécutions dirigées contre les Juifs. Arrivé à Paris, il a travaillé pendant plusieurs mois à son métier de relieur; puis, l'ouvrage manquant, il est tombé peu à peu dans la plus profonde misère. C'est alors, que voulant en finir avec la vie, il s'est jeté dans la Seine du haut d'un pont. Retiré de l'eau par des mariniers, S... a été conduit à Beaujon où il est resté une dizaine de jours. Aussitôt sorti, il est allé se jeter dans la Marne. Sauvé encore une fois il a été conduit à l'infirmerie du Dépôt de la préfecture et de là à Sainte-Anne.

A son arrivée dans le service, le malade est dans un état de dépression mélancolique très-marqué. Il se tient immobile ne répondant pas aux questions qu'on lui pose, et par instants sort de son mutisme pour chanter des cantiques. S... est pâle, amaigri, sa langue est sèche et recouverte d'un léger enduit saburral; il existe un léger mouvement fébrile.

A la fin de juin, sous l'influence d'un régime réparateur (viandes saignantes, quinquina, fer) associé au bromure de potassium, l'état du malade est très notablement amélioré. S... est sorti de son état de dépression, il cause raisonnablement et se rend à peu près compte de sa situation.

S... allait très bien et on songeait déjà à le faire sortir quand, le 8 juillet, vivement contrarié de ne pas avoir reçu de l'argent qu'il attendait, il est retombé dans un état de dépression mélancolique. Cet état persiste encore aujourd'hui avec des intervalles de légère excitation pendant lesquels le malade va et vient et se met à rire sans motif.

Du reste depuis l'entrée dans le service, pas la moindre tentative de suicide.

OBSERVATION XX.

(Personnelle).

G... entre le 8 décembre 1880, à la clinique de Sainte-Anne dans le service de M. le professeur Ball. Il a 40 ans, il est employé des postes. Sa mère est morte aliénée (lypémanie), son père et ses deux frères sont bien portants. Il est marié depuis 13 ans, il a perdu deux enfants : l'un est mort en venant au monde, l'autre est mort à 18 mois d'une méningite avec convulsions.

Au commencement de l'année, il a eu des céphalalgies violentes et répétées ; sa famille prétend qu'il ne buvait pas, il faisait peut-être quelques excès de café.

Au mois de septembre il va faire ses 28 jours à Fontainebleau, on le renvoie parce qu'il est malade. Alors il s'accuse de fautes imaginaires, il croit qu'il est l'auteur de tous les crimes et de tous les vols qu'il lit dans son journal. Aussi manifeste-t-il l'intention de mourir, n'étant plus digne de vivre.

Deux fois, il veut étrangler sa femme pendant la nuit et se tuer avec elle. Sa femme s'enfuit chez les voisins. Il reste seul et dans un accès de délire il brise tout ce qu'il rencontre.

Le 5 janvier, il présente le type de mélancolique anxieux, il est très agité ; il déclare qu'il n'est responsable ni de ses paroles, ni de ses actes : on le pousse, on le dirige. Hier il s'est brûlé la barbe et les sourcils avec un papier enflammé, mais ce n'est pas lui qui le voulait, on le lui a fait faire.

Alimentation forcée sur son refus de manger sous prétexte que quelqu'un l'en empêche. Ses idées de suicide persistent.

OBSERVATION XXI.

(Personnelle).

W... Joseph, entre à la clinique de Sainte-Anne dans le service de M. le professeur Ball, le 25 novembre 1880. Il a 36 ans, et il est employé au ministère des finances depuis trois ans.

Il y a trois mois qu'il a la tête un peu faible à la suite, dit-il, de chagrins et d'ennuis.

Dans la rue on le regardait de travers, mais on ne lui disait pas d'injures. Il avait peur de ne pouvoir élever sa famille et lui assurer le pain nécessaire à son existence. Il se reproche d'avoir autrefois abandonné une jeune fille avec son enfant.

Obtusion intellectuelle, perte partielle de mémoire. Hébétude, sommeil régulier; mange peu.

Son père est mort subitement à 74 ans; sa mère a 72 ans et vit encore. Ils ont été dix enfants, cinq sont morts. Il n'y aurait pas eu d'aliénés dans la famille. W... n'a pas eu de maladies antérieures, il n'a pas fait d'excès de boisson, il est même très sobre.

Il est employé au ministère depuis plusieurs années: il s'est figuré il y a quelque temps qu'on l'accusait de faire de fausses signatures, il est devenu inquiet, anxieux. On courait après lui pour le tuer, pour le faire brûler. La veille de sa séquestration il se disposait à allumer un réchaud pour se suicider en compagnie de sa femme et de ses enfants.

CONCLUSIONS.

1° Chez les épileptiques le suicide est ordinairement le résultat d'une impulsion inconsciente.

Quelquefois il est le résultat d'un état mental particulier qui rend aux malades la vie insupportable;

2° Chez les alcooliques le suicide est d'ordinaire le résultat de la terreur causée par les hallucinations de la vue;

3° Chez les persécutés le suicide est habituellement calculé, raisonné. Le persécuté, après mûres réflexions, préfère la mort aux mauvais traitements dont il croit être la victime;

4° Chez les mélancoliques, il est généralement calculé aussi, quelquefois il existe chez eux un état mental spécial qui crée un véritable appétit de la mort. Ils désirent la mort et ne la cherchent pas comme un pis-aller.

Les mélancoliques peuvent choisir le premier moyen d'exécution qui se présente à eux; d'autres fois, au contraire, ils mûrissent longtemps leur suicide, se complaisent dans leur idée et se donnent la mort d'après le plan qu'ils se sont tracé.

TABLE DES MATIÈRES.

Paris — Imp. F. Pichon, 30, rue de l'Arbalète, & 24, rue Soufflot.

Contraste insuffisant

NF Z 43-120-14